MANDANTS

ET MANDATAIRES

Code Civil — Titre XIII. — Du Mandat.

Art. 1984. — Le mandat ou procuration est un acte par lequel une personne donne à une autre le pouvoir de faire quelque chose pour le mandant et en son nom.

Art. 1989. — Le mandataire ne peut rien faire au-delà de ce qui est dans son mandat ; le pouvoir de transiger ne renferme pas celui de compromettre.

Art. 1992. — Le mandataire répond non-seulement du dol, mais encore des fautes qu'il commet dans sa gestion. Néanmoins la responsabilité relative aux fautes est appliquée moins rigoureusement à celui dont le mandat est gratuit qu'à celui qui reçoit un salaire.

Art. 1993. — Tout mandataire est tenu de rendre compte de sa gestion.

Art. 2004. — Le mandant peut révoquer sa procuration quand bon lui semble.

Prix : 15 centimes.

EN VENTE CHEZ TOUS LES LIBRAIRES

Et à Paris : à la Librairie démocratique

, Éditeur, 33, rue Montmartre.

1872

MANDANTS ET MANDATAIRES

De qui se moque-t-on? de nous tous, Jacques Bonhomme, et il faut avouer que c'est réussi, mais bien réussi. J'aurais depuis longtemps, fatigué de chercher une solution, donné ma langue aux chats, renoncé à tout jamais à la politique et aux ennuis qu'elle entraîne avec elle, si je n'avais au pays des devoirs à remplir, de ces devoirs sacrés auxquels un honnête homme ne doit jamais faillir. Moi aussi j'ai un *mandat*, par suite des *mandants*, et tu peux être bien convaincu qu'ils ne se plaindront jamais de la façon dont le père Mathieu aura géré leurs intérêts.

Que dirait en effet la jeunesse du village si le soir, à la veillée, pendant la lecture des journaux de Paris et des débats de l'Assemblée, si je gardais un silence inspiré par le dégoût de notre situation? Que penseraient de moi les vieux camarades qui depuis long-temps ont l'habitude de me consulter sur leurs petites affaires, sur les candidats qui méritent leur préférence au moment des élections?... Quelle opinion aurais-je de moi-même si je boudais dans un coin?

La situation est grave, disent les malins : « *Le char de l'État marche vers un abîme. Nous sommes sur un volcan. Les Prussiens vont revenir. Badinguet et ses bandits tenteront un nouveau guet-apens.* » Allons donc! Comédie que tout cela! Nous n'en croyons pas un mot chez nous, et il faudrait, pour qu'une seule de ces sinistres prédictions pût devenir une réalité, que Jacques Bonhomme et ses nombreux enfants, eussent entièrement perdu la tête et pris la résolution de tout laisser faire ; mais grâce au bon Dieu et aux saints du paradis, il n'en est pas ainsi ; nous nous réunirons tous, au besoin, pour pousser de l'épaule le char de l'État, que nos députés embourbent tous les jours ; nous ferons au volcan la part du feu, nous paierons le Prussien, puisque nous nous y sommes engagés, en attendant un règlement de compte définitif. Quant à Badinguet et à sa clique, nous avons toujours dé solides gourdins en réserve pour leur caresser l'échine, le jour où ils nous montreront le bout de leur nez. L'aigle est déplumé, il a tellement perdu le flair qu'il serait aujourd'hui insensible à l'appât du morceau de lard.

Il fut un temps, et il semble que tous les jours il s'éloigne davantage de nous, où les hommes parlaient le même langage et se comprenaient parfaitement, parce qu'on faisait dire aux mots ce qu'ils veulent et doivent réellement dire. Il n'en est plus malheureusement ainsi, toutes les notions du droit, du juste de l'injuste sont confondues, on torture le sens des mots, et, grâce à ce stratagème, on a la prétention de tromper le pauvre monde. Mais nous en avons assez ; nous

ne voulons plus des beaux parleurs ; des faiseurs
de phrases à effets, incapables au premier chef lorsqu'il s'agit de mettre en pratique les promesses qu'ils
ont faites. Nous n'avons conservé qu'à titre de souvenir *les « pouces de notre territoire et les pierres de
nos forteresses, »* nous savons comment s'y prend
le gouverneur de Paris pour *ne capituler jamais,*
nous sommes enfin définitivement fixés sur les intentions *libérales* de l'ancienne opposition qui a passé
tristement sa vie à revendiquer pour son pays les
bienfaits de l'instruction laïque, gratuite et obliga-
toire. Il a suffi de son arrivée au pouvoir pour qu'elle
prît à cœur de renier ses convictions et les aspirations dont elle avait été l'objet. Ainsi va le monde,
me dit-on, triste monde ! À qui le tour ?

Et Versailles, Jacques Bonhomme, il faut cependant nous résoudre à en parler. Nous sommes souverains, nos députés sont nos mandataires ; c'est au
moins le langage qu'ils nous tiennent à la veille des
élections, lorsqu'ils viennent nous visiter, la bouche en
cœur ; pour moi, j'ai la conviction bien arrêtée que

nous sommes tout et qu'ils ne sont quelque chose que *par nous* et *pour nous*, et que le jour où ils ont accompli le mandat que nous leur avons confié, ils doivent nous le rendre et soumettre leur conduite à notre appréciation. Je vais plus loin, si dans l'accomplissement de ce mandat nous trouvons qu'ils s'écartent de la ligne de conduite que nous leur avons tracée, notre droit strict est de les rappeler à l'ordre et de leur retirer au besoin notre confiance, puisqu'ils s'en montrent indignes.

Ce n'est pas toi, Jacques Bonhomme, qui m'accuseras de faire le raisonneur et le savant; tu sais que je suis sans prétention, mais que j'ai l'esprit juste et droit. — Que mon curé et son vicaire me boudent aujourd'hui parce que je ne me suis pas incliné devant le manifeste de monseigneur le comte de Chambord, je le regretterai, mais ce sera tout. Que notre riche bourgeois enrichi par les tripotages de l'Empire me tourne le dos, et après? Madame de Bergandine et son gendre sous-préfet me jetteront la pierre parce que je n'aime pas la République sans les républicains,

surtout lorsqu'elle affectera de produire les orléa-
nistes ? Je me consolerai de ces mésaventures par la
pensée que les fils de Jacques Bonhomme me reste-
ront fidèles, car avec leur concours tout est possible,
sans eux rien, rien de durable.

Dans ma carrière déjà longue, mais j'ose dire bien
remplie, j'ai eu souvent à me défendre. Bien des gens
prenant pour de la bêtise ce qui était chez moi de la
bonté, ont cherché à me dépouiller; pour leur résister,
j'ai dû étudier les lois qui nous régissent, j'ai, à cet
effet, acheté un code, et je t'assure que j'ai eu vite
gagné la somme dépensée. J'ai donc un peu étudié
nos lois, j'ai longuement médité sur le *mandat* et *la
nature du mandat*, mais je suis obligé de reconnaître
que je commence à ne plus rien comprendre à ces
expressions, tant me semblent étranges les inter-
prétations données. J'ouvre un code et j'y lis.

« *Art.* 1984. *Le mandat ou procuration est un acte*

par lequel une personne donne à une autre le pouvoir de faire quelque chose pour le mandant et en son nom.

« Le contrat ne se forme que par l'acceptation du mandataire.

« Art. 1989. Le mandataire ne peut rien faire au delà de ce qui est porté dans son mandat. Le pouvoir de transiger ne renferme pas celui de compromettre. »

On dira ce qu'on voudra, mais foi du père Mathieu ! je trouve cette rédaction d'une clarté qui ne laisse rien à désirer pour l'application. Il y a quelques années à peine, tu n'en a pas perdu souvenance, j'ai appris à ce vieux père Chartron, ce rusé compère si habile à embrouiller les affaires, comment on exerce un mandat et comment le mandant traite le mandataire infidèle. Le boucher Malaret m'avait acheté six brebis pour les besoins de son commerce, lorsqu'il fallut les payer, il me chercha une chicane impossible : bref, pour éviter un procès, car je sais qu'un mauvais arrangement vaut mieux qu'un procès gagné, je donnai à Chartron le mandat d'arranger cette affaire. Je lui remis à l'avance et sans hésitation, les dix francs qu'il me demandait pour ses démarches, je ne tardais pas à m'apercevoir qu'il prenait bien mieux les intérêts de Malaret que les miens, il outrepassait mes intentions, allait transiger et compromettre ma position de créancier. Mais le père Mathieu ne dormait que d'un œil ; il vit le coup et se mit immédiatement à la parade. Je retirai donc et au plus vite mon mandat et exigeait la restitution de mon argent. Sur un refus, j'allai trouver l'huissier pour faire comparaître le père Chartrou devant le juge de paix du canton. Cette affaire fit grand bruit, j'exposai, comme je le pus, mon cas à la justice, et la restitution fut ordonnée par le magistrat qui admonesta même de la façon la plus sévère ce mandataire malhonnête.

« *Le mandat est donc un acte par lequel une personne donne à une autre le pouvoir de faire quelque chose pour le mandant et en son nom.* » Si je ne me trompe, c'est bien là la situation faite par nous, électeurs *souverains mandants*, à nos députés, *nos mandataires*. Notre pauvre France venait de subir des échecs successifs, grâce à l'incurie de ceux qui s'étaient chargés de nous défendre ; notre implacable ennemi nous tenait le genou sur la gorge, et il fallait, nous disait-on, faire la paix à tout prix, panser nos blessures saignantes et avoir foi en l'avenir. A cette nouvelle, le père Mathieu, comme tous les fils de Jacques Bonhomme, sentit le rouge de l'indignation sur son visage, il voulait résister, continuer la lutte à outrance ; mais on lui dit : « *Il faut faire la paix*, » et il répondit le cœur déchiré : « Concluons la paix. »

Une assemblée, issue du suffrage universel, devait recevoir de nous la triste mission de discuter ce honteux traité de paix, et de faire les quelques lois que nécessitaient et nos malheurs et la situation nouvelle qui en était la conséquence. Tel était le mandat que, dans notre pensée, nous donnions aux députés, *nos mandataires*; et le devoir accompli, nous supposions dans notre bonne foi, qu'ils viendraient nous rendre les pouvoirs dont nous les avions investis. Ce traité de paix, ils l'ont Dieu merci conclu, ils ont consenti au nom de Jacques Bonhomme à démembrer la France, ils l'ont privée de deux belles provinçes qui voulaient demeurer françaises, ils ont promis de donner tout notre argent, et nous savons comment on s'en acquitte; des impôts, toujours des impôts, et c'est la terre qui les paye; nous ne travaillons plus que pour le percepteur et pour l'octroi de la ville voisine. Je connais quelques amis qui avaient soigneusement caché dans le fond de leur paillasse quelques beaux louis d'or; ils dormaient là en réserve pour marier une fille, ou acheter à la saint Martin une bonne paire de bœufs. Ils ont dû quitter leur cachette, et prendre tristement la route de la Prusse. C'est donc l'éternelle vérité, Jacques Bonhomme paye, paye toujours, et c'est sur lui cependant que viennent sans cesse tomber toutes les malédictions de nos gouvernants.

* *

Qu'attendent donc nos mandataires pour nous rendre notre mandat? Que font-ils encore à Versailles? Qu'elles sont leurs intentions ultérieures? Jacques Bonhomme, crois en le père Mathieu, veille au grain, comme on dit au village. Il n'y a pas *de fumée sans feu*, cette persistance à légiférer ne me dit rien qui vaille.

« *Le contrat ne se forme que par l'acceptation du mandataire.* » Ils l'ont bel et bien accepté, je me demande même s'ils ne l'ont pas outrepassé ; nous leur connaissions beaucoup de zèle, beaucoup d'animosité pour tout ce qui pouvait faire ombrage à la *grande cause de l'ordre*, mais nous ne pensions pas, moi du moins, qu'ils iraient si loin, en un mot qu'ils se montreraient si généreux envers nos vainqueurs. A Dieu ne plaise que je veuille me faire l'écho de tout ce qui se colporte dans nos campagnes ; que je cherche à envenimer la sourde colère qui gronde en ce moment, et le mécontentement général qui saisit toutes les occasions de se produire. Tel n'est pas le rôle du père Mathieu. Personne ne saurait s'y tromper. Je suis connu comme un homme d'ordre et de conciliation, religieux à ma façon, quoique peu goûté de notre curé dont j'ai souvent à combattre les idées. Je persévérerai dans cette ligne de conduite, l'expérience m'ayant clairement démontré que pour prendre les mouches on doit recourir au miel et éloigner le vinaigre.

Je viens, sans m'en douter de faire ma profession de
foi, après tout je ne le regrette pas. Je demanderai seu-
lement à nos honorables députés la permission de leur
dire humblement, avec tout le respect que m'inspirent
leurs vertus civiques et privées : « Les causes qui nous
avaient déterminé à vous confier le mandat que *vous
avez exercé* ont disparu ; en le retenant encore, malgré
les nombreuses protestations et les suppliques qui
vous arrivent de tous côtés, vous autorisez certaines
gens à avancer, avec *l'apparence* de la vérité, que vous
voulez mettre en pratique cet axiome hélas connu,
trop connu des malheureux fils de Jacques Bonhomme :
« LA FORCE PRIME LE DROIT. »

« Ces mêmes personnes vont bien plus loin, elles
examinent et commentent avec une certaine aigreur
votre conduite, vos actes, vos discours à Bordeaux et
à Versailles. On vous prête des projets de coup d'État,
de confiscation de la République, de restauration mo-
narchique, on va jusqu'à dire que vous ne vous enten-

dez que dans le sentiment de haine que vous concevez
pour la République, que sans cela le tour serait déjà joué.
Le père Mathieu n'en croit rien, il vous suppose encore
du bón sens et ne peut admettre de votre part une
tentative si téméraire. Mieux que lui vous savez qu'elle
serait frappée de stérilité, et que vous verriez immédiatement les fils de Jacques Bonhomme se lever en
colonnes serrées pour prononcer cette dissolution, si
demandée, mais que vous ne tarderez pas à prononcer vous-mêmes tant cette nécessité s'imposera à
vous.

« Je suis donc, quoi qu'on puisse dire un homme
d'ordre, tous les gouvernements ont utilisé mon concours ét mon influence ; je n'aime pas les révolutions
et lorsque l'émeùte gronde, je suis toujours le premier
à l'endroit le plus périlleux pour y apporter les paroles de paix et de conciliation ; mais il faut bien en
convenir entre nous, mes beaux messieurs, vous ne
faites pas nos affaires, vous vous lancez dans des dis-
cussions interminables, où chacun se croit obligé
d'apporter son concours de lumière en prononçant des

discours également interminables ; vous échangez des paroles aigres, plus tard des compliments, vous vous laissez dire que vous êtes *souverains*, et au lieu de protester contre cette assertion erronée, puisque le peuple seul est souverain et que vous n'êtes que *ses mandataires* essentiellement révocables, vous applaudissez à vous meurtrir les mains.

Le lendemain de ce beau jour vous vous réveillez avec cette pensée fausse, mais consolante pour vous, que vous êtes souverains, c'est-à-dire un principe, comme si un homme pouvait jamais concevoir la pensée qu'il est un principe, et vous partez de là pour vous lancer à corps perdu dans une série de propositions, de projets de loi que nous ne vous avons pas chargés de voter et que nous désirions réserver pour un autre moment. C'est dans cette situation que vous vous laissez insinuer une nouvelle erreur ; on vous dit que vous pouvez vous déclarer *constituants*, si vous le voulez, que vous en avez *le droit*, et avec un enthousiasme qui eût bien mieux tourné s'il eût été employé contre les Prussiens, vous vous déclarez *constituants*

à la grande stupéfaction des fils de Jacques Bonhomme ;
ce jour-là l'ordre n'a pas cessé de régner à Varsovie
et cependant, vous en conviendrez avec bonne foi, vous
avez lancé une provocation à ce bon peuple qui n'y a
répondu que par un sourire railleur.

⁎⁎⁎

« *Le mandataire ne peut rien faire au delà de ce qui
est porté dans son mandat, le pouvoir de transiger ne
renferme pas celui de compromettre.* Si vous prenez la
peine de réfléchir à cet article 1989 de notre code
civil que vous connaissez aussi bien que moi, vous
serez bien forcés de convenir que vous êtes entièrement
sortis de la légalité, que vous agissez sans mandat,
que vous avez usé et abusé du pouvoir de transiger
que nous vous avions donné dans des limites définies,
qu'à nos yeux vous allez compromettre nos intérêts
les plus chers et que vous tombez ainsi sous le coup
de l'article 1992.

« *Le mandataire répond non-seulement du dol, mais
encore des fautes qu'il commet pendant sa gestion.
Néanmoins la responsabilité relative aux fautes est*

*appliquée moins rigoureusement à celui dont le mandat
est gratuit qu'à celui qui reçoit un salaire.* »

« Vous le voyez tout y est prévu dans cet article
1992, vous êtes responsables de vos fautes, vous
ne pouvez même pas invoquer le bénéfice du se-
cond paragraphe de cet article puisque votre mandat est rétribué, convenablement rétribué à notre
grande satisfaction, et nous n'avons pas appris que
quelques-uns d'entre vous crussent devoir se dispen-
ser de passer à la caisse, à certaines époques détermi-
nées et saluées avec satisfaction. Mais l'heure de la
générosité vient de sonner; au moment où s'organi-
sent sur tous les points de la France des souscriptions
patriotiques destinées à la libération de notre territoire, nous avons la ferme conviction que nos députés vont se mettre personnellement à la tête de
cette manifestation nationale et infliger aux feuilles
radicales, le supplice d'annoncer aux populations la
munificence et le désintéressement de leurs représen-
tants. Cette générosité, nous ne vous la contesterons
pas, quoique en y réfléchissant un peu, nous pour-

rions arriver à une conclusion qui n'aurait rien de forcé : vous serez généreux avec notre argent, car c'est nous qui payons sous toutes les formes possibles et imaginables.

*
* *

« Revenons à votre mandat et parlons sans détour ; je suis un vieillard, je puis me répéter, cela tient à l'âge et à la conviction qui s'est formée en moi. Que voulez-vous ! c'est une loi de la nature ; nous y sommes tous soumis, vous ne vieillirez peut-être pas comme députés, mais vous ne serez pas éternellement jeunes. Vous retenez donc ce bienheureux mandat, malgré nous, malgré tout ce que l'on peut vous dire, malgré vous-mêmes, qui êtes trop intelligents pour ne pas comprendre que vous êtes des mandataires ; les méchants disent infidèles, mais j'ai trop de respect pour vous pour me servir de cette expression peut-être blâmable. Que ferez-vous, je vous le demande, le jour où le peuple armé du code vous assignera à comparaître devant son tribunal pour lui rendre compte de votre conduite ?

****

« Art. 1993. *Tout mandataire est tenu de rendre compte de sa gestion et de faire raison au mandant de tout ce qu'il a reçu en vertu de sa procuration, quand même ce qu'il aurait reçu n'eût point été dû au mandant.* » Si j'avais l'honneur de siéger au milieu de vous, je vous déclare que je frémirais en pensant à l'immense responsabilité qui pèserait sur moi, et je n'affronterais pas sans peur et surtout sans reproches la colère de mes mandants. Il est de ces dommages qui peuvent être réparés, lorsqu'ils sont arrêtés à temps. Lorsque le père Chartron, que j'avais chargé de défendre mes intérêts, se mit à transiger et à les compromettre, je l'arrêtai court, je le fis comparaître devant le juge, on me donna satisfaction, et tout fut dit. J'en tirai même cette conclusion pratique qu'il valait mieux traiter soi-même ses affaires, telle a été depuis ma ligne de conduite et je m'en suis ma foi, fort bien trouvé. Mais vous, nos honorables, nous ne pouvons pas vous arrêter ainsi, vous marchez, vous allez de l'avant, vous vous heurtez aux pierres du che-min sans que les meurtrissures de vos pieds vous signalent le danger. Au bout de la route cependant siége le tribunal des Jacques Bonhomme, il y rend des sentences et des arrêts terribles. Par peur que vous ne vous rendiez pas exactement compte de la situation pleine de périls que vous créez au pays et à vous-mêmes, relisez ceci :

« *Quand même ce qu'il aurait reçu n'eût point été dû aux mandants*. Cette ligne ne laisse pas que de m'inspirer certaines inquiétudes pour vous. En effet si nous vous avons confié la mission de recevoir les humiliations que nous infligeait le traité de Paris, il faut convenir pour être de bonne foi, que vous avez avalé même la lie du calice ; si vous poussiez le scrupule jusqu'à vous renfermer dans les limites de la loi, vous auriez en matière d'humiliations à nous rendre le surplus, mais le peuple est généreux, il tient le compte pour réglé, il sera peut-être même habile de votre part de ne plus lui en reparler, parce que vous n'ignorez pas que sa conduite était loin d'avoir mérité un châtiment si cruel.

« Nous n'en finirions pas si nous voulions suivre pas à pas les prescriptions du code en ce qui concerne le mandat. Et puis ce pauvre père Mathieu prêche des convertis, vous connaissez mieux que lui l'article 2004 : « *Le mandant peut révoquer sa procuration quand bon lui semble et contraindre, s'il y a lieu, le mandataire à la lui remettre.* »

« Nous voulons bien vous révoquer, mais vous ne voulez pas être révoqués, vous êtes *souverains, constituants*, il ne vous manque plus que de vous déclarer *infaillibles* ; qu'attendez-vous pour le faire ? une meilleure occasion ? Elle ne se présentera jamais, allons du courage, une bonne proposition dans ce sens, une demande d'urgence, un vote par acclamation, et le télégraphe apprendra à la France et au monde entier qu'il existe à Versailles, sous les voûtes du palais de Louis XIV une Assemblée désormais *infaillible*. Vous venez de décapiter Paris, c'est une virile résolution dont on vous saura gré ; c'est un acheminement sûr vers l'infaillibilité devant laquelle les enfants de Jacques Bonhomme pourront regimber, mais *la garde qui se rend souvent et ne meurt jamais* est là pour vous protéger.

« Et puis, pensez-y, quelle gloire pour vos familles ! avec quelle satisfaction vos arrière-petits-enfants ne diront-il pas dans l'avenir : « *un de mes ancêtres faisait partie de la Chambre infaillible.* »

« Vous vous êtes provisoirement et peut-être sous la pression énergique des baïonnettes étrangères, installés sur les bords de la Garonne ; l'air pur que vous y respiriez vous donnait de saines inspirations, vous avez éprouvé le besoin de venir siéger à Versailles et de vous entourer du luxe et du confort que vous ne trouviez pas à Bordeaux. Vous avez pris possession de votre fastueuse demeure assez à temps pour saluer la guerre civile ; nous avions alors le triste spectacle d'un peuple accablé par les revers d'une guerre à jamais maudite, puisant dans son énergie de nouvelles forces pour mettre en présence, les armes à la main, le frère avec le frère, le fils avec le père, car nous avions hélas ! deux armées : Paris et Versailles.

« Dans cette lutte fratricide, Paris a succombé, un sang généreux que le fer de l'ennemi avait respecté a coulé de part et d'autres, trente mille prisonniers ont été ravis à leurs familles et transportés sur les bagnes flottants que vous appelez les pontons. Vous n'avez pas pu les juger, il vous a même été impossible d'instruire leurs procès. Vous avez été forcés par la force même des circonstances d'en mettre 20,000, en liberté, sans qu'ils aient pu connaître le crime dont on les avait crus coupables. Pendant ce temps des femmes, des enfants ont succombé sous les terribles épreuves de la faim et de la misère, des mères et des infirmes ont été privés des soutiens de leurs vieux jours, parce que vous, *souverains, constituants,* au lieu de dominer les partis, vous avez laissé faire.

« Le peuple vous eût pardonné la *souveraineté* que vous vous êtes arrogée, si vous l'aviez employée à faire cesser la guerre civile et à apaiser les esprits. Il eût oublié que vous n'êtes pas *constituants* si, à la première réunion de l'Assemblée, vous vous étiez empressés de voter une généreuse amnistie. Il n'en a malheureusement rien été, et aujourd'hui, ces hommes, ces citoyens, nous reviennent avec ce que vous appelez la flétrissure du vaincu, mais la haine dans le cœur et elle s'augmente en raison même des misères et des tortures dont ils trouvent au logis le tableau lamentable. Permettez au père Mathieu de vous le dire, mes beaux messieurs, vous pouviez éviter tout cela, nous n'aurions pas à redouter aujourd'hui les conséquences de cette situation nouvelle, vous auriez au contraire à votre actif le bénéfice de la clémence, et elle eut eu un grand poids lorsque vous vous présenterez devant vos mandants, car vous vous le dissimulerez vainement, il faudra tôt ou tard en venir à cette extrémité fatale.

« Vous vous êtes installés à Versailles et vous vous y trouvez bien, paraît-il, vous venez de nous en donner la meilleure preuve. Les beaux jours vont revenir, sous les frais ombrages vous continuerez à légiférer, mais le soir, les voies rapides vous ramèneront à Paris, car, malgré tout, ce grand centre aura toujours le don de vous attirer. C'est une loi à laquelle vous n'échapperez pas vous-mêmes ; tous les amendements que vous chercherez à y apporter ne changeront rien à sa situation. Le pays vous saura mauvais gré de l'avoir frappé au cœur et à la tête, mais comme il en arrive à ne plus compter vos fautes, vous pouvez persévérer dans la voie que vous suivez avec aveuglement. Quant à Paris, il reprend sans vous et malgré vous son essort ; les étrangers nombreux semblent s'y donner rendez-vous ; les affaires suivent leur cours interrompu par la guerre. Il s'habituera à vivre sans les députés de la France, si toutefois ce titre vous appartient, car on en est arrivé à dire que vous ne représentez plus que vous-mêmes.

« Qu'avez-vous fait depuis votre translation à Versailles. Vous avez ordonné des prières publiques pour le salut de la France et il a fallu pour cela délibérer. Reconnaissez avec moi que les personnes qui, comme votre serviteur très-humble, admettent l'intervention de Dieu dans les affaires de ce monde, n'ont pas eu besoin de vos inspirations pour appeler la bénédiction de la Providence sur leur malheureux pays. Les libres penseurs ont trouvé dans ce vote un nouvel acte de puérilité; vous n'avez donc donné une satisfaction réelle à personne.

« Vous avez voté également qu'un service funèbre serait célébré en l'honneur des otages qui ont trouvé la mort pendant que la Commune et ses chefs agonisaient; vous avez décidé que des pensions seraient accordées à des veuves dont la situation vous paraissait intéressante. Tout cela est bien pensé, vous avez fait acte de générosité, mais avec l'argent de la France, avec les ressources de contribuables qui ne se lassent pas de payer les impôts dont vous les surchargez eux et leurs propriétés, car vous reconnaîtrez avec moi que toutes les mesures fiscales que vous avez prises en reviennent toujours à ce malheureux point de départ: frapper la propriété, demander à l'agriculture tous les sacrifices imaginables pendant que le financier opulent, le joueur à la Bourse paye simplement une cote personnelle et mobilière comme le plus humble des électeurs de la République française. Pour atteindre ce but, il était inutile de conserver de force un mandat périmé, comme de vous déclarer souverains constituants.

« Tout dernièrement encore, vous avez failli au sujet de l'impôt sur les matières premières, porter un coup terrible à l'industrie française. Il vous restait cette faute à commettre, vous l'avez évitée et vous ne devez pas être sans regrets. Quelle belle occasion vous avez perdue de faire ce que vos devanciers avaient fait ! A l'époque où furent conclus ces traités de commerce, lorsque le libre échange conquit chez nous son droit de cité, nos villes manufacturières, nos campagnes elles-mêmes, subirent un choc qui amena de nombreux désastres. Nos industriels ne se découragèrent pas, ils comprirent que la lutte était sérieusement engagée et que des efforts persévérants pouvaient seuls assurer à l'industrie française cette supériorité longtemps incontestée ; ils changèrent leur outillage, leurs modes de fabrication et ils purent bientôt lutter avec avantage contre des concurrents que cette liberté nouvelle favorisait au plus haut degré.

« Après avoir voté tous les impôts que vous avez pu imaginer, laissant bien entendu de côté le plus équitable de tous, j'ai cité l'impôt sur le revenu, après avoir majestueusement imposé les allumettes chimiques et par suite la *mort aux rats*, vous alliez céder à l'entraînement que vous faisait subir une voix éloquente, vous alliez porter le coup mortel à notre commerce, lorsque vos paisibles, trop paisibles mandants, se sont réveillés de la torpeur dans laquelle ils sont plongés, pour venir vous rappeler que si vous vous imposiez à nous pour traiter malgré nous nos affaires, il était de toute justice que vous prissiez en sérieuse considération nos intérêts, les plus considérables comme les plus légitimes. Vous avez cédé à cette pression énergique, vous avez vu le mandat impératif se dresser devant vous, et pour la première fois vous avez compris que votre devoir était de vous incliner.

Vous vous êtes inclinés, vous n'avez jamais été mieux inspirés.

« Votre vote a soulevé une tempête, nous nous sommes crus perdus, laissez cependant le père Mathieu vous assurer qu'il n'a jamais conçu la moindre crainte. Sous l'ancienne monarchie on criait : « le roi est mort ; vive le roi. » La France possède encore des hommes qui se préoccupent de ses destinées, et si une crise venait à se produire, les fils de Jacques Bonhomme sauraient se montrer à la hauteur des circonstances nouvelles que cet événement ferait naître.

« La nuit, mais quelle nuit, grand Dieu ! La nuit dis-je, porta conseil ; de part et d'autre ont se fit de mutuelles et affectueuses concessions, on boucha les fissures, on rebadigeonna la façade gouvernementale, et notre président, rajeuni par son coup d'État de la veille, reprit d'une main ferme les rênes qu'il avait feint de laisser échapper. A la faveur des ténèbres de cette nuit mémorable, les compétitions monarchiques, qui aiment à manœuvrer dans l'ombre, cherchèrent, mais vainement, à se produire, les cerfs de Chantilly

purent jouir d'un repos souvent troublé ; le vieillard
de Sedan se crut transporté sur la plage de Boulogne,
et le roi légitime vit dans son sommeil ce bon peuple
de France le suppliant d'accepter la couronne ; mais,
amère déception, vous n'aviez pas pu établir entre
vous une entente désirée et la République une fois encore sortit triomphante de cette nouvelle épreuve,
aux grands applaudissements de Jacques Bonhomme
et de ses enfants.

« Mais, croyez en la parole du père Mathieu, vous
n'en avez pas fini avec cet impôt sur les matières premières, vous avez à équilibrer ce fameux budget, objet de tant de préoccupations, et il faudra vous déci-
der à prendre les moyens pratiques pour sortir de
l'embarras dans lequel vous vous trouvez. On y re-
viendra, soyez en sûrs, ne vous laissez pas surprendre,
vous perdriez le léger bénéfice de votre premier refus.
Je vous dirais bien comment nous avons pu, dans notre
conseil municipal, établir ce fameux équilibre de notre
budget sans imposer à nos frères et amis de nouveaux
centimes additionnels. Vous n'y croiriez pas, le moyen

est cependant bien simple ; nous savons nous entendre, et nous savons surtout que *l'union fait la force*.

« Croyez moi, Messieurs, *l'union qui fait la force* ne peut exister que si le fardeau qui nous est imposé est équitablement réparti, et en matière d'impôt, il n'en est qu'un qui satisfasse l'équité et qui puisse répondre utilement aux besoins de notre situation. C'est celui qui atteindra le revenu. Il produira des ressources considérables, ne créera pas de nouvelles charges à ceux qui supportent depuis longtemps tout le poids des sacrifices, sans participer pour cela aux priviléges que l'État distribue à ses favoris. Vous calmerez la juste colère de Jacques Bonhomme, et au jour du jugement, il se croira peut-être autorisé à vous accorder le bénéfice des circonstances atténuantes.

« Pour en finir, très-honorables députés, je vous supplierai de relire attentivement, mais très-attentivement, les articles du code civil qui traitent du *man-*

dat, des obligations qui incombent aux mandataires et des peines qui attendent le mandataire infidèle. »

Tel est, Jacques Bonhomme, le langage que je tiendrais à nos députés si ma voix était assez autorisée pour arriver jusqu'à eux, mais ce que je ne puis faire, tu le peux aisément. Un signe de toi suffit pour mettre en mouvement les nombreux enfants dont tu disposes; et — pacifiques — ne voulant à aucun prix sortir de la légalité dans laquelle ils se trouvent en ce moment plus que jamais, il leur sera facile d'obtenir de l'Assemblée cette dissolution à laquelle elle ne peut se résoudre. Nous procéderons alors à de nouvelles élections et le pays, dans son calme et dans sa dignité bien comprise, confiera son mandat aux hommes qui, connaissant ses besoins comme ses aspirations les plus légitimes, s'efforceront de se montrer dignes de la mission qui leur sera confiée.

Nos anciens députés se reposeront alors de leurs fatigues et de leurs émotions. Plus tard, s'ils nous ont donné des preuves non équivoques de leur repentir et de leur retour à des opinions plus saines, comme tout citoyen doit son concours à la chose publique, Jacques Bonhomme, avec cette haute bienveillance dont il ne peut jamais se départir, les nommera gardes champêtres de leurs villages respectifs. Dans leurs nouvelles fonctions, ils apporteront à faire le bien toute l'ardeur qu'ils ont vainement employée à s'agiter à Versailles, ne laissant à la France et au monde entier comme souvenir de leur passage aux affaires, que des œuvres frappées à l'avance du cachet de la stérilité.

PARIS. — IMP. VICTOR GOUPY, RUE GARANCIÈRE, 7.